Monstruos extintos/Extinct Monsters

El oso de las cavernas

Cave Bear

por/by Janet Riehecky

Traducción/Translation: Dr. Martín Luis Guzmán Ferrer

Consultor en lectura/Reading Consultant: Barbara J. Fox
Reading Specialist
North Carolina State University

Consultor en contenidos/Content Consultant: Professor Timothy H. Heaton
Chair of Earth Science/Physics
University of South Dakota, Vermillion

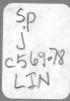
Capstone
press

Mankato, Minnesota

Blazers is published by Capstone Press,
151 Good Counsel Drive, P.O. Box 669, Mankato, Minnesota 56002.
www.capstonepress.com

Library of Congress Cataloging-in-Publication Data
Riehecky, Janet, 1953–
    [Cave bear. Spanish & English]
    El oso de las cavernas / por Janet Riehecky = Cave bear / by Janet Riehecky.
    p. cm. — (Blazers. Monstruos extintos = Blazers. Extinct monsters)
    Includes index.
    ISBN-13: 978-1-4296-0609-7 (hardcover)
    ISBN-10: 1-4296-0609-6 (hardcover)
    1. Cave bear — Europe — Juvenile literature. 2. Mammals, Fossil —
Juvenile literature. 3. Paleontology — Pleistocene — Juvenile literature.
4. Paleontology — Europe — Juvenile literature. I. Title. II. Title: Cave bear.
III. Series.
QE882.C15R5418 2008
569'.78 — dc22   2007032395

Summary: Simple text and illustrations describe cave bears, how they lived,
    and how they became extinct — in both English and Spanish.

Editorial Credits
Jenny Marks, editor; Ted Williams, set designer; Jon Hughes and Bartosz
    Opatowiecki/www.pixelshack.com, illustrators; Wanda Winch,
    photo researcher; Katy Kudela, bilingual editor; Eida del Risco,
    Spanish copy editor; Danielle Ceminsky, book designer

Photo Credits
HighDesertWest.com/Kristi Fillman, 29 (skull)
Shutterstock/Michael Shake, cover (background)

1 2 3 4 5 6 13 12 11 10 09 08

For Jeremiah, with love from Aunt Janet.

Table of Contents

Tabla de contenidos

The Ice Age/ La Era de Hielo

About 300,000 years ago, sheets of ice called glaciers covered a third of the land. Monstrous animals ruled this cold world.

Hace cerca de 300,000 años, unas capas de hielo llamadas glaciares cubrían la tercera parte de la Tierra. Monstruosos animales dominaban en ese helado mundo.

A huge, powerful creature thrived in times of snow and ice. The cave bear was one of the largest bears to ever live.

Una criatura enorme y poderosa estaba muy bien adaptada a la nieve y al hielo. El oso de las cavernas fue uno de los osos más grandes que ha vivido.

Big and Beastly/ Grande y bestial

Cave bears stood about 10 feet (3 meters) tall. They weighed more than 1,000 pounds (454 kilograms).

Los osos de las cavernas medían 3 metros (10 pies) de alto. Pesaban más de 454 kilos (1,000 libras).

Cave bears had long, round bodies and strong legs. Their shaggy fur protected them from even the coldest winds.

Monster Fact

Male cave bears were twice as big as females.

Datos sobre el monstruo

El macho del oso de las cavernas era el doble de grande de la hembra.

El oso de las cavernas tenía el cuerpo alargado y redondo, y las patas fuertes. Su piel lanuda lo protegía incluso de los más helados vientos.

11

Cave bears had large domed heads. Their toothy mouths had flat, grinding teeth and four giant fangs.

El oso de las cavernas tenía la cabeza abombada. Su boca tenía muchos dientes planos para triturar y cuatro colmillos gigantescos.

Cave bears had five thick claws on every paw. Bears kept their claws sharp by scratching. The marks they made can still be seen on cave walls.

El oso de las cavernas tenía cinco garras en cada pata. Los osos se afilaban las garras a menudo. Las marcas que dejaron todavía pueden verse en las paredes de las cavernas.

King of the Cave/
El rey de las cavernas

Cave bears ruled the caves of Europe and eastern Asia. People drew pictures of cave bears on cave walls — but not while the bears were there!

El oso de las cavernas
mandaba en las cuevas
de Europa y Asia Oriental.
La gente dibujó pinturas de
estos osos en las paredes de
las cavernas. ¡Pero no cuando
los osos estaban ahí!

In warmer months, cave bears munched on tons of food. Honey, berries, and insects helped bears pack on the pounds. Their claws were perfect for digging up roots.

Durante los meses cálidos, el oso de las cavernas masticaba toneladas de comida. La miel, las moras y los insectos ayudaban a que los osos ganaran mucho peso. Sus garras resultaban perfectas para desenterrar raíces.

Sometimes cave bears ate meat too. Small mammals were easy prey for these monsters.

En ocasiones el oso de las cavernas también comía carne. Los mamíferos pequeños eran presa fácil de estos monstruos.

When winter came, cave bears settled into their caves. They slept through the cold months, living off stored body fat.

Cuando llegaba el invierno, los osos de las cavernas hibernaban en sus cuevas. Durante los meses fríos dormían, sobreviviendo gracias a la grasa que habían almacenado en sus cuerpos.

Monster Fact

Cave bear cubs were born while the mother was asleep.

Datos sobre el monstruo

Los oseznos del oso de las cavernas nacían mientras la madre dormía.

The End of a Monster/ El fin del monstruo

Cave bears survived more than 200,000 years. But about 40,000 years ago, fewer and fewer cave bears roamed the land.

El oso de las cavernas
sobrevivió más de 200,000 años.
Pero hace cerca de 40,000 años,
menos y menos osos de las
cavernas merodeaban por
la Tierra.

By about 10,000 years ago, cave bears became extinct. No one knows why they all died. Human hunters, a lack of food, or warmer weather may be to blame.

Monster Fact

Many other large Ice Age animals disappeared at the same time as the cave bears.

Datos sobre el monstruo

Muchos de los otros animales de la Era de Hielo desaparecieron al mismo tiempo que el oso de las cavernas.

Hace cerca de 10,000 años, el oso de las cavernas se extinguió. Nadie sabe por qué todos se murieron. Los cazadores humanos, la falta de comida o un clima más templado quizá fueron las causas.

Scientists have found thousands of cave bear fossils in caves. You can see the skulls, claws, and bones of these giant beasts in museums.

Los científicos han encontrado en cavernas miles de fósiles de osos de las cavernas. Tú puedes ver cráneos, garras y huesos de estas gigantescas bestias en los museos.

Glossary

domed — rounded on top

extinct — no longer living; an extinct animal is one that has died out, with no more of its kind.

fang — a long, sharp pointed tooth

fossil — the remains or a trace of an animal or plant that is preserved in rock or in the earth

glacier — a large, slow-moving sheet of ice

mammal — a warm-blooded animal that has a backbone

monstrous — large and frightening

powerful — very strong

prey — an animal that is hunted by another animal for food

shaggy — long, thick, and rough

survive — to continue to live

thrive — to live easily and well

Internet Sites

FactHound offers a safe, fun way to find Internet sites related to this book. All of the sites on FactHound have been researched by our staff.

Here's how:
1. Visit *www.facthound.com*
2. Choose your grade level.
3. Type in this book ID **1429606096** for age-appropriate sites. You may also browse subjects by clicking on letters, or by clicking on pictures and words.
4. Click on the **Fetch It** button.

FactHound will fetch the best sites for you!

Glosario

abombada — redonda en la parte de arriba

adaptado — vivir fácilmente y bien

el colmillo — diente largo, puntiagudo y filoso

extinto — que ya no vive; un animal extinto es aquel que ha desaparecido y del que ya no quedan de su especie.

el fósil — restos o vestigios de un animal o planta que vivieron hace mucho tiempo

el glaciar — gran capa de hielo que se mueve lentamente

lanudo — largo, grueso y áspero

el mamífero — animal de sangre caliente que tiene columna vertebral

monstruoso — enorme y aterrorizador

poderoso — que tiene mucha fuerza

la presa — animal que caza otro animal para comérselo

sobrevivir — que continúa vivo

Sitios de Internet

FactHound te brinda una manera divertida y segura de encontrar sitios de Internet relacionados con este libro. Hemos investigado todos los sitios de FactHound. Es posible que algunos sitios no estén en español.

Se hace así:

1. Visita *www.facthound.com*
2. Elige tu grado escolar.
3. Introduce este código especial ID **1429606096** para ver sitios apropiados a tu edad, o usa una palabra relacionada con este libro para hacer una búsqueda general.
4. Haz un clic en el botón **Fetch It**.

¡FactHound buscará los mejores sitios para ti!

Index

Índice